Contes per a nens de 4 anys

Il·lustracions:
Pilar Campos

Disseny i realització:
delicado diseño/Equip Susaeta

Correcció:
Carmen Blázquez/Equip Susaeta

Disseny de coberta:
José Delicado

Campezo, 13 - 28022 Madrid
Tel.: 91 3009100 - Fax: 91 3009118
www.susaeta.com

Contes per a nens de 4 anys

susaeta

Presentació

Contes per a nens de 4 anys, pensats especialment per a ells. Contes de color blau que els agradaran molt. Amb personatges humans i animals, moltes aventures i sempre amb un fons de tendresa i vocació d'ensenyament.

Històries per a entretenir que els nens gaudiran tant per la lectura com per les boniques il·lustracions.

Índex

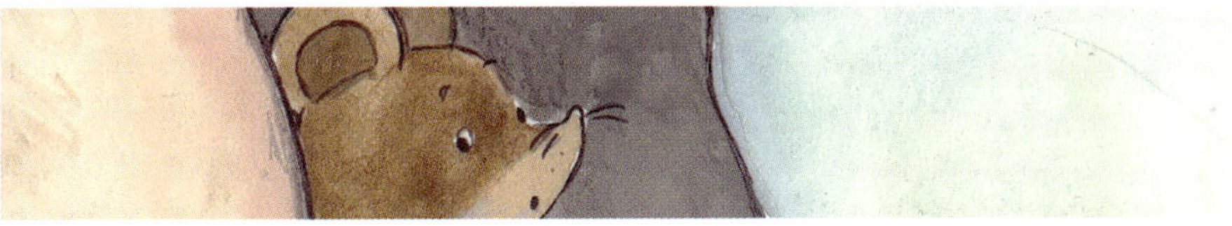

1 2 3 4 5 6 7
8 9 10 11 12 13 14
15 16 17 18 19 20 21
22 23 24 25 26 27 28
29 30 31

El ratolí de camp i el ratolí de ciutat

Isop

El ratolí de camp i el ratolí de ciutat

Aquesta és la història de dos ratolins. Un vivia a la ciutat i l'altre al camp, però eren molt bons amics.

—Vine a veure'm a la primavera —va dir-li per telèfon el ratolí de camp al de ciutat—. Com que en aquesta època de l'any fa bon temps i el camp està preciós, segur que ens ho passarem molt bé.

—Quina idea tan bona! —va contestar el seu amic—. Arribaré a casa teva a mitjans d'abril.

Des del moment que va trepitjar el camp, el ratolí de ciutat no va deixar de protestar ni un segon:

—Que incòmode és això! Quina fresca! Quina humitat!

I com que a més a més s'avorria molt, als dos dies va decidir fer les maletes i tornar a casa.

L'amic va preguntar-li:

—Què passa? No t'agrada el camp? Aquesta primavera plou una mica més del compte, però així tot està més verd i es respira millor.

En acomiadar-se del seu amic li va dir:

—Fas una vida tan espantosa i arrossegada com la de les formigues i els talps. De tant menjar arrels i herbes has oblidat els sabors deliciosos del formatge, el pernil o les galetes.

—Està bé, està bé. Tens raó!

D'aquí uns mesos aniré a visitar-te a la ciutat.

—T'asseguro que allà sí que gaudiràs de la vida. Bé, amic, fes-me una abraçada. A reveure!

—Adéu! A reveure!

I els dies van passar, i en arribar la tardor, el ratolí de camp va anar a visitar el ratolí de ciutat. El pobret va quedar-se bocabadat en veure la casa tan luxosa on vivia el seu amic.

Quan aquest va ensenyar-li el rebost, no deixava d'exclamar:

—Això sí que és vida! Quina olor fa el formatge! I què me'n dius d'aquestes figues seques? —i va continuar admirant les coses que hi havia mentre se li feia la boca aigua—. Quina bona fila fa aquest pernil!

—Doncs és tot per a tu. Pots menjar-ne tant com vulguis. Ets a casa teva —va contestar-li molt satisfet el ratolí de ciutat.

Quan el seu amic va sortir del rebost, el ratolí va llançar-se sobre el menjar. Semblava que no hagués menjat des de feia mesos. Portava un tros de formatge a la boca quan va sentir que algú obria la porta del rebost. Molt espantat va fer un salt i va amagar-se en una escletxa.

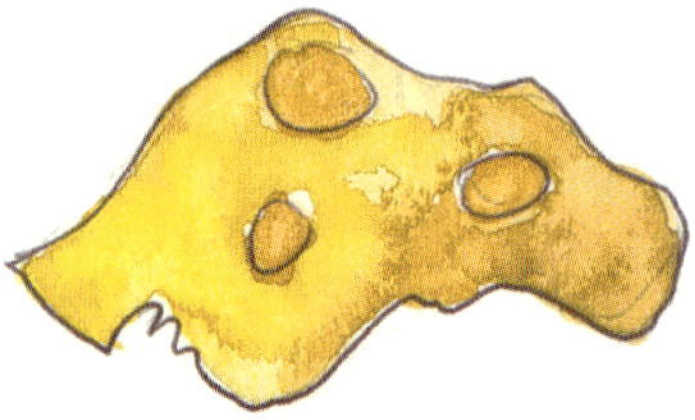

Va estar-se una bona estona allà i no en va sortir fins que tot va quedar en silenci.

Aleshores, va ser quan va veure unes galetes de xocolata.

—Aquestes galetes han d'estar boníssimes!

Era a punt de mossegar-les quan va sentir passes i va veure una dona. De pressa i corrents va amagar-se darrere la capsa de galetes.

El cor li bategava amb tanta força que semblava que li anés a explotar. Tot i que encara tenia gana, ja no va poder tastar res més.

Quan el seu amic va tornar, el ratolí de camp li va dir:

—No puc més! Això no és vida per a mi!

—Què ha passat? —va preguntar l'amic.

—Doncs mira, malgrat que el rebost és ple de bons menjars, cada vegada que intento menjar alguna cosa entra algú. Amic meu —va afegir—, la ciutat no és per a mi. Demà me'n torno al camp.

L'endemà, el ratolí va tornar al seu poble. Pel camí anava cantant aquesta cançó:

Poca cosa, si estàs tranquil,
et dóna alegria i et fa feliç.
I això és millor que tenir molt
però viure anguniós i amb por.

El vestit nou de l'emperador

Hans Christian Andersen

El vestit nou de l'emperador

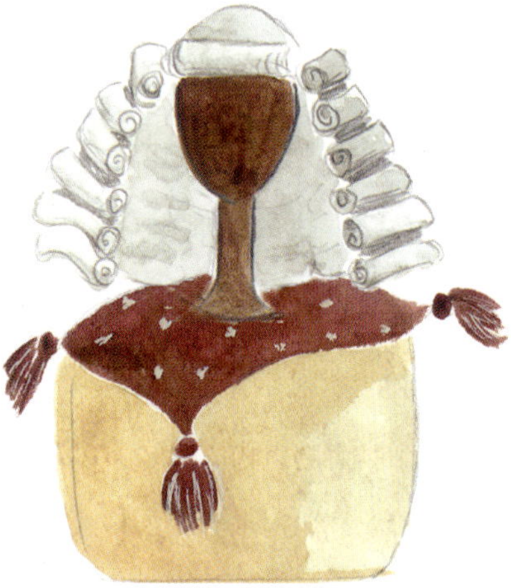

Fa molts anys va existir un país molt ric governat per un poderós emperador. Tenia fama de ser just i bo, però també tenia un defecte: era molt presumit. Com que es canviava de roba moltes vegades, es passava hores davant el mirall.

Un dia, com que s'apropaven les festes imperials, el sobirà va decidir fer-se un vestit nou que enlluernés tothom.

Per això va fer cridar els més famosos sastres, per tal de triar la tela i el model més original i bonic. Però, tot el que li ensenyaven li semblava vulgar.

—És possible que ningú no pugui oferir-me el que busco?

Un dels seus molts secretaris va apropar-se i va demanar permís per parlar.

—Majestat, ahir passejava pel port i vaig sentir que havien arribat dos famosos teixidors. Potser ells podran confeccionar el que vostra majestat necessita.

L'emperador va manar que busquessin aquells homes i els portessin a palau. Poques hores després ja eren davant seu.

Un cop presentats i saludats, el sobirà, que no podia pas sospitar que aquells dos homes eren en realitat uns barruts, els va dir:

—Sé que sou uns teixidors molt famosos. Per això us he triat, perquè vull que em feu un vestit magnífic, confeccionat amb la tela més extraordinària del món. Ben aviat seran les festes imperials i vull ser el centre de totes les mirades. Vull el millor vestit.

—Majestat, gràcies per confiar en nosaltres —va dir un dels falsos teixidors—. Per a tan excepcional ocasió teixirem una tela única i extraordinària. Només us posem una condició: que sa altesa no la vegi fins que el vestit estigui acabat.

—En què consisteix la bellesa i el misteri d'aquesta tela?

—Senyor, perquè la tela sigui extraordinària haurem d'utilitzar fils d'or i plata. Però encara hi ha més coses.

—Una vegada teixit l'or i la plata, la tela serà invisible als ulls de tots aquells que ocupen un càrrec o lloc que no mereixen i per als qui són tanoques de naixement. En això consisteix la raresa de la tela.

L'emperador, feliç i content, va pensar: «Quina meravella! No només portaré un vestit sensacional, sinó que, a més, podré saber quins dels meus consellers i servents no es mereixen el lloc que ocupen.»

De seguida va manar que els teixidors instal·lessin el seu taller a palau i els va donar molts diners perquè poguessin comprar els fils d'or i plata.

Els falsos teixidors fingien que treballaven tot el dia. De tant en tant, interrompien la seva feina per cridar als quatre vents:

—Magnífic! Meravellós! Genial!

Tothom que passava per allà corria a informar l'emperador de la bona marxa de la feina.

Un matí, l'emperador no va poder aguantar més la seva impaciència i va encarregar al primer conseller que anés a veure la tela. El bon home, per més que va mirar, no va veure la famosa tela. Aleshores, el va envair una por terrible.

«Dec ser tanoca de naixement? Estic ocupant un lloc que no em pertoca? Doncs si és així, ningú no ha de saber que sóc incapaç de veure la tela...»

Per això el primer conseller va exclamar:

—Quina preciositat! Quina meravella!

I, amb fingit entusiasme, va marxar a informar l'emperador de les excel·lents qualitats d'aquella tela que no havia estat capaç de veure.

Aquesta notícia va augmentar la curiositat del sobirà que, dia rere dia, enviava un home de la seva confiança perquè li expliqués com avançava la feina.

Tothom tornava amb la mateixa cara somrient i, posant els ulls en blanc, exclamaven idèntics elogis. Ningú no havia vist res, però ningú no estava disposat a confessar-ho.

Per fi, els teixidors van anunciar que la tela ja era a punt. La setmana següent, els teixidors van presentar-se davant el sobirà amb un preciós cofre. Van obrir-lo amb molta cerimònia i, després de fer veure que treien el vestit, van apropar-lo a l'emperador. Tots els consellers van exclamar alhora:

—Preciós! Únic! Insuperable!

L'emperador, que no sabia quina cara fer, no aconseguia veure res.

Però de seguida va comprendre que havia de dissimular perquè ningú no cregués que era tanoca o que no mereixia ser emperador.

—Magní..., magnífic! —va exclamar.

Els falsos teixidors van dir:

—Majestat, si us plau, tingueu l'amabilitat de treure-us la roba per posar-vos el vestit nou.

I l'home no va tenir altre remei que quedar-se en calçotets. Els falsos sastres van fer veure que el vestien, mentre repetien una vegada i una altra:

—Que bé que us queda, majestat!

Quan van acabar de col·locar-li totes les peces, l'emperador va posar-se davant el mirall, però per més que es mirava i remirava, no aconseguia veure altra cosa que els seus calçotets. Malgrat tot, va fer un senyal al mestre de cerimònies perquè comencés la desfilada.

De seguida, els lacais van palpar el terra i van col·locar les mans a l'aire com si portessin alguna cosa. I així, en calçotets, l'emperador va sortir de palau. La gent que omplia els carrers i les finestres de les cases comentava en veu alta:

—Quin vestit tan sobri! Mai no havia vist una tela igual! L'emperador està molt elegant!

Però entre la multitud que aclamaven l'emperador hi havia una dona que va alçar el seu fill petit perquè pogués veure passar el sobirà. Aleshores, el petit va cridar:

—Però si l'emperador va en calçotets!

Les persones que contemplaven la desfilada van anar xiuxiuejant:

—L'emperador va en calçotets pel carrer!

Tothom va riure molt, i l'emperador va envermellir de vergonya.

La pioca i la formiga

Félix María de Samaniego

La pioca i la formiga

Com cada matí, el pastor va anar a buscar les seves ovelles. Va treure tot el ramat i, sense adonar-se'n, va deixar el corral obert de bat a bat. De seguida que la pioca ho va veure, va dir als seus pollets:

—Correu, correu, menuts, que avui ens n'anem d'excursió al camp.

Tots els pollets van córrer darrere la seva mare. De tant en tant, s'aturaven a descansar i aprofitaven per picar l'herba o beure aigua d'alguna bassa. Després es tornaven a posar en marxa i pas a pas anaven allunyant-se.

Eren a prop del bosc quan la senyora pioca va dir als seus pollets que s'aturessin. Assenyalant amb la pota cap al terra, els va dir:

—Mireu, fills meus, això és un formiguer. Les que van en fila s'anomenen formigues. Aquestes bestioles negres són un ric aliment per als indiots. Mengeu, fills! No tingueu por de les formigues, jo també en menjo i... mireu que forta i que gran m'he fet!

Tot d'una, i sense saber com ni per què, la pioca va recordar coses tristes. Mentre sospirava, deia als seus pollets:

—Fills meus, que feliços seríem si no hi hagués cuiners al món!

—Per què, mare? Són dolents els cuiners? —va preguntar el més petit.

—Sí, estimat, són molt dolents, terribles, perversos. Els cuiners ens rosteixen, ens cuinen a la cassola, ens fregeixen a les paelles. Però la culpa és dels altres humans. Són uns carnissers! Quan celebren una festa, mai no falta un indiot sobre la

taula. Devoren la nostra carn, trituren els nostres ossos. No hi ha dret, no hi ha dret! –i la mare pioca va posar-se a plorar desconsoladament.

Mentre la pioca es queixava, una formiga molt llesta va aconseguir escapar-se de la fila. Tan de pressa

com va poder, va enfilar-se pel tronc d'un arbre. Quan ja se sentia segura, va dir a la pioca:

—Així doncs, vostè pensa que els homes són cruels, perversos, assassins i carnissers...?

—Sens dubte —va respondre la pioca mentre mirava de descobrir des d'on parlava la formiga.

—Estem d'acord! —va dir la formiga—. Però aleshores, digui'm: si els homes són cruels amb els indiots, no són els indiots cruels amb les formigues?

—No, senyora, de cap manera —va cridar la pioca enfadada.

—Doncs sàpiga, senyora pioca, que vostè i els seus pollets acaben de menjar-se la meva família: els pares, els fills, oncles, cosins i avis... Què dic! No només la meva família..., ha devorat un poble sencer!

Davant d'aquestes explicacions, la pioca va quedar-se sense paraules.

I aleshores va passar una cosa ben curiosa.

A prop del formiguer un cuc llepava un gra de blat. En veure'l, la formiga va començar a cridar:

—Germanes, sortiu! Hi ha un cuc que llepa un gra i té el graner ple. Sortiu, de pressa!

Immediatament, un exèrcit de formigues va sortir del formiguer. En un tres i no res van robar al cuc tots els grans que tenia emmagatzemats.

La pioca va dir a la formiga:

—És curiós, companya, que tu i jo vegem els defectes dels altres però no els propis.

Homes, indiots i formigues
tenim la mateixa opinió.
Les faltes dels altres
són un delicte,
però les pròpies no.

L'aneguet lleig

Hans Christian Andersen

L'aneguet lleig

Era estiu i el camp estava preciós amb els bladars grocs, els prats verds i el cel blau. A prop del bosc hi havia una masia i allà la senyora ànega covava els ous. Estava una mica avorrida: els pollets trigaven a sortir i ningú no la visitava. Les seves amigues preferien banyar-se a l'estany que anar a xerrar amb ella.

De sobte, va sentir el cruixit d'una closca.

—Renoi, sembla que finalment sortiran de l'ou!

—Piu, piu, piu! —van dir tots en treure el cap.

—Quac, quac, quac! —va respondre la mare ànega, animant-los a córrer per l'herba.

—Caram, que gran és el món! —va exclamar un dels aneguets, que estava molt content en veure que tenia més espai que dins de l'ou.

—Fill, això només és el corral de la masia.

La senyora ànega va aixecar-se i va descobrir un ou molt gros, amagat entre la palla del seu niu.

—No pot ser! Encara queda un ou! Que gros i estrany és!

Passava per allà una ànega vella que va dir:

—És un ou de gall dindi, no hi ha cap dubte! Ho sé perquè una vegada vaig covar-ne un. Quins problemes vaig tenir! Per més que ho intentava, no hi havia manera que el pollet es posés a l'aigua. T'aconsello que deixis aquest ou i te'n vagis a nedar amb els teus aneguets.

—Fa tant de temps que estic així, que ja no em ve d'un dia més —va contestar l'ànega.

I l'espera va ser llarga. Però, finalment, el pollet va trencar la closca de l'ou.

—Piu, piu, piu!

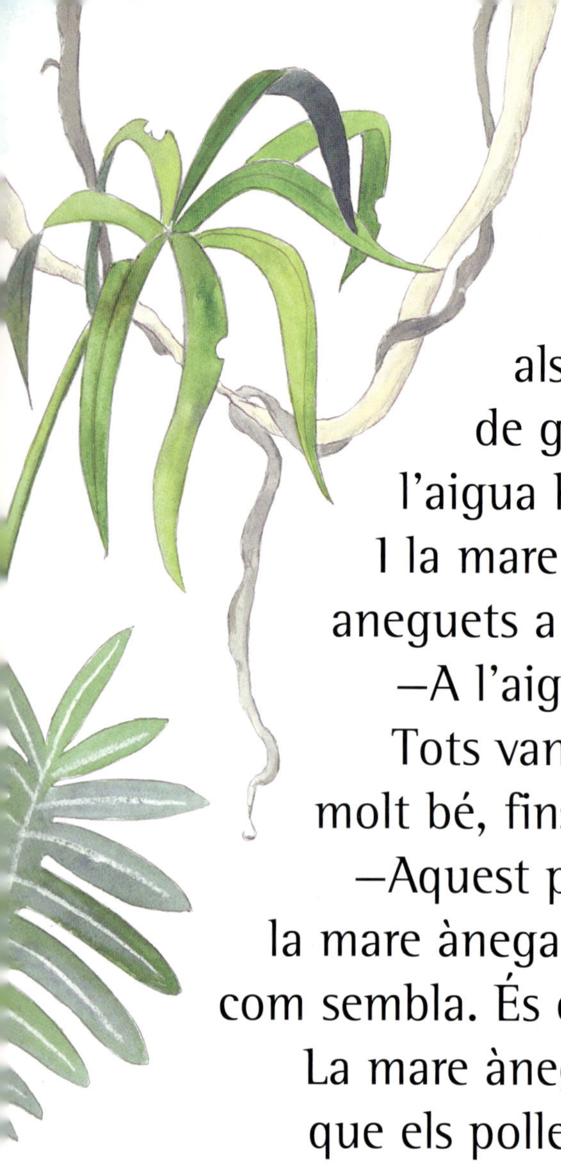

La senyora ànega el va mirar estranyada.

—Que gros! No s'assembla gens als altres aneguets! Deu ser un pollet de gall dindi? De seguida que vegi l'aigua ho sabré.

I la mare ànega va portar tots els seus aneguets a l'estany.

—A l'aigua, aneguets! —va cridar la mare.

Tots van llançar-se a l'estany i van nedar molt bé, fins i tot l'aneguet enorme i lleig.

—Aquest pollet també és fill meu! —va cridar la mare ànega als quatre vents—. I no és tan lleig com sembla. És qüestió de mirar-lo amb afecte.

La mare ànega va sortir de l'aigua i va esperar que els pollets fessin el mateix. Quan ja eren al seu costat, els va dir:

—Ara anirem al corral. Vull presentar-vos els nostres veïns. Procureu ser molt educats i no us separeu del meu costat.

Pel camí van trobar-se un grup d'ànecs joves que, en veure l'ànega i els pollets, van burlar-se'n:

—Com que érem pocs...! Mireu quina cosa! És horrorós! —cridaven assenyalant l'aneguet lleig.

No prou satisfets amb allò, un d'aquells ànecs va acostar-se a l'aneguet lleig i el va picar.

—Deixa'l, animal! No tens vergonya? —va cridar l'ànega—. Vols que jo faci el mateix amb tu?

L'ànega més noble del corral, que observava atenta l'escena, també va opinar:

—La veritat és que vostè té uns aneguets preciosos, però aquest —va dir assenyalant l'aneguet lleig— no sembla ànec ni res.

—Senyora, és veritat que l'aneguet és gros, però si el mira detingudament, s'adonarà que també és bonic. Estic segura que, quan sigui gran, serà el més bonic de tots.

El pobre aneguet va haver d'aguantar molts menyspreus, empentes i picades aquella tarda. Fins i tot els pollets de les gallines es reien d'ell.

Així va ser el seu primer dia al corral, però a partir d'aleshores, les coses van anar encara pitjor. Fins i tot els seus germans li deien:

—Coll llarg, plomes curtes! Coll llarg, plomes curtes!

Tots els habitants del corral el maltractaven, inclosa la noia que els portava el menjar. Tant patia el pobre aneguet, que un bon dia va marxar d'allà volant.

Trist i sol, l'aneguet lleig va caminar tota la tarda. Al capvespre, cansat i afamat, va estirar-se sobre l'herba que creixia al costat d'un llac. De seguida que es va fer de dia, van despertar-lo les veus de dos ànecs silvestres. Un va preguntar a l'altre:

—Havies vist alguna vegada un ànec tan lleig?

Els ànecs van posar-se a riure i van alçar el vol. Haurien continuat rient, de no ser pels trets d'uns caçadors que van acabar amb les seves vides.

L'aneguet, espantat, va amagar-se entre els joncs.

Poc després, va sentir un lladruc a l'esquena i va tombar-se. Un gos d'aspecte ferotge se'l va quedar mirant fixament, va fer cara de fàstic i va girar cua.

«Tan lleig sóc que ni els gossos volen mossegar-me?», es preguntava l'aneguet, sentint-se pitjor que mai.

Quan els caçadors van allunyar-se del llac, l'aneguet va continuar el seu camí. A mitja tarda, va veure una casa entre els arbres. Com que la porta era oberta, va entrar-hi, va arraulir-se en un racó i va quedar-se adormit.

A l'alba van descobrir-lo el gat i la gallina que vivien amb la mestressa de la casa.

—Saps arquejar el llom i roncar? —va voler saber el gat.

—No —va contestar l'aneguet lleig.

—Saps pondre ous? —va preguntar-li la gallina.

—Tampoc —va respondre l’aneguet.

—Doncs si no serveixes per a res, la nostra mestressa no voldrà que visquis amb ella —va afirmar la gallina.

L’aneguet, avergonyit per la seva inutilitat, va arronsar el cap i va abandonar la casa.

Quan va arribar la tardor, el pobre aneguet lleig continuava anant d’un lloc a l’altre. Menjava el poc que trobava i dormia on veia un amagatall. El temps va anar passant i va arribar l’hivern, amb la neu i el fred. Un dia que l’aneguet lleig nedava en una bassa mig gelada, va quedar-hi atrapat. Mort de por, l’aneguet plorava i deia:

—Moriré!

Sort que un camperol el va veure. Va fer-li tanta pena, que el va treure de la bassa i se'l va endur a casa. En veure'l, la seva dona va exclamar:

—Que graciós! Avisaré els nens perquè vegin l'aneguet que els has portat!

Els nens van estar tan contents, que van començar a cridar i a perseguir-lo per jugar-hi.

Però com que l'aneguet es pensava que li volien fer mal, va posar-se a volar. D'un cop d'ales, va tombar la gerra de la llet. La dona, molt enfadada, va anar darrere seu amb una vara. Sort que la porta de la casa era oberta! L'aneguet va volar més de pressa i no va parar fins a arribar al bosc, on va refugiar-se entre uns matolls.

I va arribar la primavera. Una tarda l'aneguet va anar volant fins a l'estany d'un parc proper, i va sorprendre's per tanta bellesa.

—Que bonic és tot aquí! Hi ha arbres, flors i...

També hi havia cignes.

L'aneguet va quedar-se tan sorprès mirant-los, que no podia dir res. Tant li van agradar aquelles boniques aus, que va decidir anar a parlar-hi.

Mentre s'apropava, es deia:

«Segur que quan vegin que m'acosto, vindran a picar-me. Però tant és! Ningú no m'impedirà gaudir de tanta bellesa!»

I ja era molt a prop d'ells quan, tot d'una, va abaixar el cap i va observar la seva imatge reflectida a les aigües cristal·lines.

–És increïble! Estic somiant?

El que l'aneguet va veure a l'aigua era el cos d'un cigne blanc esvelt i elegant.

–Ja no sóc un aneguet lleig! Sóc un cigne! Sóc jo!

Va deixar de mirar-se i va tornar a nedar en direcció als altres cignes. Però no podia deixar de preguntar-se:

«No deu ser que el cansament, el fred i la gana em fan veure el que no és?»

I, aleshores, va sentir uns nens que deien:

—Ep, mireu, mireu! Hi ha un altre cigne a l'estany! És preciós!

Poc després, l'aneguet lleig i els altres cignes nedaven plegats.

Aleshores, l'aneguet va alçar el cap i va dir:

—Finalment he trobat el meu lloc!